SOCIÉTÉ FRANÇAISE DE SECOURS AUX BLESSÉS
DES ARMÉES DE TERRE ET DE MER

Vicomte de PELLEPORT-BURÈTE

LA CROIX ROUGE
FRANÇAISE
DANS LA GIRONDE

Dans ce grand colloque de la charité, chacun a le bon esprit de ne parler que **FRANÇAIS** !

(8 Juin 1888.)

BORDEAUX
SIÈGE DE LA 18e DÉLÉGATION ET DU COMITÉ DÉPARTEMENTAL
8, Rue Victoire-Américaine

1888

Comité Départemental de la Gironde

8, Rue Victoire-Américaine

PRÉSIDENT

M. le Vicomte de Pelleport-Burète (✻) ★

MM. P. Grossard (✻) ★ et P.-E. Alauze, *Vice-Présidents.*

E. Hubert (✻) ★, *Trésorier.*

P. de Loynes, *Secrétaire-général.*

Joseph Blanchy (✻) ★ — Justin Boudias — E. Castéja — D. Guestier fils — Gautier-Lagardère ★— E. Lanusse (✻)— E. Lesca ★ — D. C. Mestrezat — Gustave Piganeau — Fernand Samazeuilh — A. Sarrail, *Commissaires.*

Comité des Dames

PRÉSIDENTE

Mme Veuve Francis de Luze.

MMmes La Baronne de Brivazac — Henri Gradis, *Vice-Présidentes.*

Demons et Vergeley, *Secrétaires.*

Président du Comité Médical

M. le Doyen de la Faculté de Médecine.

SOCIÉTÉ FRANÇAISE DE SECOURS AUX BLESSÉS
DES ARMÉES DE TERRE ET DE MER

Vicomte de PELLEPORT-BURÈTE

LA CROIX ROUGE FRANÇAISE DANS LA GIRONDE

> Dans ce grand colloque de la charité, chacun a le bon esprit de ne parler que **FRANÇAIS !**
>
> *(8 Juin 1888.)*

BORDEAUX
SIÈGE DE LA 18e DÉLÉGATION ET DU COMITÉ DÉPARTEMENTAL
8, Rue Victoire-Américaine

1888

A

Monsieur le Maréchal de MAC-MAHON

DUC DE MAGENTA

PRÉSIDENT

DE LA SOCIÉTÉ FRANÇAISE DE SECOURS AUX BLESSÉS MILITAIRES

HOMMAGE RESPECTUEUX

4 Août 1888.

CONSEIL CENTRAL

8 JUIN 1888

A L'HEURE MÊME OU LE **Comité départemental de la Gironde** TENAIT SA PREMIÈRE RÉUNION PLÉNIÈRE, avait lieu à Paris **l'Assemblée générale annuelle** de la SOCIÉTÉ FRANÇAISE ;

Voici en quels termes son Président, M. LE MARÉCHAL DE MAC-MAHON, DUC DE MAGENTA, honorait les travaux accomplis en 1887-1888, par le Comité Départemental de la Gironde :

« Je ne doute pas, Messieurs, que vous ne teniez à « témoigner par vos suffrages des sentiments de gra- « titude dont nous sommes pénétrés pour le Groupe « de la Gironde, particulièrement pour celui de ses « Membres, M. le Vicomte de Pelleport-Burète, qui, « à la tête du Comité et de la Délégation, inspire et « dirige ses travaux et dont l'impulsion chaleureuse « donne à notre Société, dans la 18e Région, le plus « remarquable essor. » *(Applaudissements unanimes.)*

AU NOM DE SES COLLÈGUES ET EN SON NOM PERSONNEL, LE PRÉSIDENT DU CONSEIL DÉPARTEMENTAL DE LA GIRONDE se rappelant que la SOCIÉTÉ FRANÇAISE n'est pas seulement une Œuvre de simple philanthropie mais aussi une Œuvre militaire ; que si elle est internationale par l'application d'une pensée Chrétienne qui dans l'Ennemi lui montre un Frère blessé, elle est par tous les fibres de son cœur essentiellement Nationale, et que son Drapeau, où brille le symbole de la Charité divine, est uni inséparablement à celui des mâles vertus militaires et du dévouement au Pays,

RÉITÈRE AU CONSEIL CENTRAL L'ASSURANCE que si, en TEMPS DE PAIX, la GIRONDE sait se préparer, en TEMPS DE GUERRE elle saura SERVIR.

ALLOCUTION

Prononcée par M. le Vicomte DE PELLEPORT-BURÈTE,

Délégué pour la 18e Région Militaire,
Président du Comité départemental de la Gironde.

A LA RÉUNION PLÉNIÈRE DU 8 JUIN 1888

MON GÉNÉRAL,
MONSEIGNEUR,
MESDAMES,
MESSIEURS,

L'Historique de la SOCIÉTÉ FRANÇAISE DE SECOURS AUX BLESSÉS DES ARMÉES DE TERRE ET DE MER n'est plus à faire.

Honorant tous les Souvenirs glorieux qui constituent le patrimoine de la Patrie sans cependant avoir la superstition du Passé; ne demandant jamais à ses Adhérents d'où ils viennent, mais où ils vont, la SOCIÉTÉ FRANÇAISE, dirigée par des Administrateurs choisis indistinctement dans toutes les Croyances religieuses comme dans tous les Groupes politiques, n'a qu'une RELIGION au cœur, mais elle l'a bien : LA RELIGION DU DRAPEAU TRICOLORE.

Le jour où trahissant la confiance que les bons Citoyens ont mis en elle, la SOCIÉTÉ FRANÇAISE, au lieu de rester ce qu'elle est, la chose de tous, se laisserait aller à de coupables partialités, sa mission Nationale serait immédiatement frappée d'impuissance.

Nous le disons sans crainte d'être contredit par personne : au sein de notre patriotique Confraternité, chacun, tout en gardant fidèlement la liberté de ses convictions personnelles, a le bon esprit, dans ce généreux colloque de la CHARITÉ, de ne parler que Français ! Voilà notre force, et contre cette force rien ne prévaudra, pas plus le temps que les indifférences. (*Vives adhésions.*)

Mais le grand honneur de la SOCIÉTÉ FRANÇAISE n'est pas d'avoir été, sur les champs de bataille de 1870-1871, le cœur qui consolait, la main qui assistait; d'avoir eu depuis la Paix subie, la sainte inquiétude de l'Avenir : son grand honneur est d'être la SEULE des Sociétés de la Croix Rouge existantes en France dont le but soit PUREMENT militaire. Voilà la raison indiscutable de l'autorité exceptionnelle dont la SOCIÉTÉ FRANÇAISE, forte de ses 25,000 associés répartis dans plus de 200 Comités, jouit depuis VINGT-DEUX ans dans les conseils internationaux de la CONVENTION DE GENÈVE.

Et cependant, malgré cette honorable Tradition consacrée par le DÉCRET DU 3 JUILLET 1884, ainsi que par le RÈGLEMENT DU SERVICE DE SANTÉ du 25 Août de la même année, qui imposent tous les deux à la SOCIÉTÉ

FRANÇAISE, des DEVOIRS PERSONNELS ; malgré les hautes marques d'estime que, le 27 Avril 1888, M. le Président de la République a daigné, pendant son séjour à Bordeaux, accorder au COMITÉ DÉPARTEMENTAL DE LA GIRONDE, nous sommes encore dans la nécessité de réagir contre certains courants dissolvants dont il est urgent de briser les dernières résistances.

Les objections qui sont faites à l'encontre des résultats essentiels que poursuit la SOCIÉTÉ FRANÇAISE se formulent ainsi :

LA MOBILISATION DÉCRÉTÉE, IL SERA TEMPS D'AGIR ;

L'ÉTAT DOIT LE SECOURS SANITAIRE.

Quoique nous n'ayons en aucune façon l'autorité nécessaire pour réfuter de semblables sophismes, nous n'hésitons pas cependant à le faire, et notre excuse la voici : Aujourd'hui que les Sociétés ne vivent que de publicité, c'est à tous sans distinction, qu'il faut s'adresser pour, en échange de ce contact indispensable, recevoir la vie publique. Or, vous le savez, Messieurs, les MASSES ne savent pas lire entre les lignes, et plus les discussions sont académiques, moins elles les comprennent. La netteté même la moins lettrée ne leur déplaît pas, car pour elles NETTETÉ veut dire : FORCE, LOYAUTÉ, CONFIANCE ; aussi, sont-elles indulgentes pour la forme.

Comptant que vous voudrez bien, pendant quelques instants, nous accorder le bénéfice de la même bienveillance, nous entrons en matière.

I

LA MOBILISATION DÉCRÉTÉE, IL SERA TEMPS D'AGIR : En 1888, l'héroïsme immortel de JEANNE D'ARC et le patriotisme des QUATORZE ANNÉES LÉGENDAIRES viendraient se briser aussi bien contre les vertigineuses rapidités de l'Électricité que contre les Prévoyances de l'Outillage moderne. Avec du pain et du fer SEULS, les Glorieux déguenillés de 91 n'iraient *plus en Chine*, comme le disaient dans le langage de l'époque les Représentants du Peuple aux armées de Sambre-et-Meuse, et sans fusils à répétition les vainqueurs d'IÉNA seraient EUX-MÊMES impuissants à renouveler les temps héroïques des Victoires et Conquêtes. Vous connaissez le vieux proverbe : LE FER BRILLE AU TRAVAIL ET SE ROUILLE À RIEN FAIRE ; plus que jamais la sagesse des Nations dit vrai. Attendre que la MOBILISATION SOIT DÉCRÉTÉE pour se préparer est un rêve creux. C'est pendant la Paix qu'il faut travailler à être prêt : on ne le sera jamais trop.

Croyez-vous, en effet, Mesdames et Messieurs, qu'il nous serait possible d'Hospitaliser vos enfants DANS LES TROIS PREMIERS JOURS DE LA MOBILISATION, car ce sont bien vos enfants que, par suite de la composition de plus en plus Régionale des Corps d'armée, NOUS ASSISTERONS DANS NOS HÔPITAUX GIRONDINS, si avant la tempête nous n'avions pas réalisé ce qu'aux grands jours de Saint-Domingue faisaient les Vieux BORDELAIS?

A cette mémorable époque où LOUIS construisait le Grand-Théâtre et GABRIEL le Palais de la Bourse, où TOURNY imposait à Bordeaux le cachet d'élégance et de grandiose dont vous êtes si justement fiers,

NOS PÈRES n'entreprenaient ces lointaines Expéditions, qui étaient l'honneur du Commerce Français, qu'après avoir armé jusqu'aux derniers replis de leurs cales les QUINZE CENTS navires qu'ils POSSÉDAIENT A L'ANCRE DEVANT BORDEAUX. C'est ce que, fidèles à ces souvenirs de prévoyance, nous faisons pour le Service Auxiliaire dont nous avons la responsabilité. (*Applaudissements*). [1]

Poser l'interrogation, c'est la résoudre. La Veillée des Armes, à laquelle L'INITIATIVE PRIVÉE DE LA SOCIÉTÉ FRANÇAISE se livre en ce moment, sous l'autorité des DÉCRETS et le contrôle du COMMANDEMENT, est absolument nécessaire. Ce sera notre conviction absolue tant qu'une expérience décisive, accomplie PENDANT LA GUERRE, n'aura pas démontré le contraire.

Nous savons bien qu'on dira qu'en agissant ainsi nous alarmons les Populations. L'objection est puérile. Saturés comme ils le sont depuis si longtemps par des anxiétés de toutes sortes, nos Concitoyens seraient de bien bonne composition s'ils n'en étaient pas arrivés, à l'heure où nous parlons, à ne plus se préoccuper du lendemain. Sérieusement, si, de peur de troubler les jouissances raffinées de quelques délicats, on devait s'arrêter à ces considérations secondaires, ce n'est pas la SOCIÉTÉ FRANÇAISE qui seule devrait désarmer, c'est la Nation elle-même. L'Histoire rapporte que les Sénateurs Romains, confiants dans la majesté de leurs chaises curules, désarmèrent eux aussi après les victoires du Bren Gaulois, mais elle nous apprend également que, sans l'épée de MANLIUS, le Capitole était détruit et les Dieux abattus

(1) Forneron. *Histoire des Émigrés*, Tome I., page 34.

Dédaignez donc, Mesdames et Messieurs, ces coupables hésitations propagées par des Attardés qui, à force de regretter le bon vieux temps, celui où quelques-uns, désignés par un sort aveugle, se faisaient tuer pour le compte de tous, ne comprennent rien aux Lois inflexibles qui, à certaines heures historiques, transforment la force des Nations. Placez-vous résolument en face des tristesses de notre Génération ; dites adieu pour toujours à ce dilettantisme guerrier qui nous a coûté si cher, et sans faiblesse comme sans exagération, préparez-vous.

L'ETAT DOIT A LA NATION MOBILISÉE, c'est-à-dire à l'Armée, le SECOURS SANITAIRE. C'est ce qu'il fait avec une largesse que quelques-uns, ce sont toujours les mêmes, critiquent amèrement, tant il est difficile pour les Gouvernants de concilier les exigences du patriotisme avec les petitesses de l'intérêt privé ! Mais est-ce là une raison avouable pour que la Famille s'abstienne lorsque l'enfant doit partir ?... Rappelons-nous le Passé, et, consciencieusement, demandons-nous si jamais, quoi qu'on fasse et en présence de DEUX MILLIONS d'hommes — le chiffre est officiel — militarisés SUBITEMENT et par UNE LEVÉE D'ENSEMBLE, il y aura assez de secours médicaux ? Et par malheur, si la Guerre se prolongeait ou si heureusement ses résultats poussaient nos armes au loin ; s'il fallait envoyer au feu les derniers contingents officiels pour remplacer le personnel médical qu'une mort plus modeste, mais non moins glorieuse que celle qui décime les combattants, aurait réduit à l'impuissance, oserait-on dire encore que SEUL et sans nous l'ÉTAT devait LE SECOURS SANITAIRE ?....

La fin de ce XIXe SIÈCLE qui, au milieu de contradictions si dramatiques a connu toutes les gloires comme tous les deuils, fut douloureuse pour la France. Malgré tout, quoiqu'ayant COUPÉ VOLONTAIREMENT LES AILES à la folle Victoire pour l'attacher plus sûrement sur le sol sacré de la Patrie, la FRANCE, en prédestinée dont la Providence a encore besoin, est dans l'obligation de préparer la DÉFENSE NATIONALE qui est la sécurité et la dignité d'un grand Peuple, en attendant patiemment qu'elle devienne l'aurore de ce jour dont nous ne devons jamais parler, mais auquel nous devons toujours penser. C'est aussi le cas ou jamais de se poser nettement cette question : POUR JOUER LA PARTIE INÉVITABLE QUI PEUT S'ENGAGER D'UN MOMENT A L'AUTRE, SOMMES-NOUS PRÊTS? Voilà à quoi, faisant trêve à toutes les discussions de la politique intérieure comme à toutes les petites passions de la vie locale il faut tous les jours sérieusement songer.

Et l'appui moral que votre Assistance prête à l'Armée? Ah! ce n'est pas là l'un des rôles les moins intéressants de votre Patronage. On a souvent dit que la France était aussi prompte à s'enthousiasmer qu'à oublier : il faut démontrer le contraire, il faut prouver que nous n'avons plus la désinvolture de l'oubli ; que nous nous souvenons de l'éternel sacrifié, du pauvre petit soldat qui tombe loin de son clocher natal pour l'honneur d'une Nationalité dont il ne perçoit pas exactement toutes les grandeurs ; pour la sauvegarde d'intérêts dont les jouissances lui seront peut-être à jamais inconnues. Il faut prouver enfin que, comme les Anciens dont l'héroïsme immortel permet à notre génération de supporter avec fierté des revers passagers, nous savons faire, avec une persistance que rien ne saurait ébranler, le Pèlerinage de la Gloire ! (2)

Nous venons, Mesdames et Messieurs, de vous démontrer, et cela par des considérations mûrement réfléchies, que la *Mobilisation décrétée, il ne serait plus temps d'agir; que l'État seul ne pouvait suffire à toutes les exigences du secours sanitaire ; que vous deviez enfin à l'Armée des témoignages permanents de votre sympathique coopération*. La Cause est entendue, et nous ne vous ferons pas l'injure de discuter plus longtemps les détails de la procédure que vous devriez strictement suivre pour préciser l'instant exact de votre généreuse intervention. Mais permettez-nous d'ajouter qu'en solidarisant ainsi et dès maintenant votre initiative à celle de la Société Française, vous accomplirez un GRAND ACTE DE PACIFICATION.

En effet, si grisés par de faciles succès dus surtout à notre imprévoyance, quelques turbulents voisins se flattent encore de nous envahir, lorsqu'ils sauront qu'à l'heure dite, de chaque maison française sortira un SOLDAT pour combattre, un VIEILLARD pour prier, une FEMME pour se dévouer, soyez certains que se rappelant les éternelles leçons de l'Histoire, ils se calmeront d'eux-mêmes, et l'Europe affranchie par votre sagesse

(2) A cette heure où à L'ÉTRANGER on dit à l'Armée : « QUOI « QU'IL EN SOIT, NOUS RESTERONS UNIS PAR UN LIEN INDISSOLUBLE, « SOIT QUE NOUS AYONS, PAR LA VOLONTÉ DE DIEU, LA PAIX OU LA « TEMPÊTE; » En FRANCE, il faut nous solidariser de plus en plus avec l'ARMÉE, appartenir l'un à l'autre d'esprit et de corps, et au milieu de l'INSÉCURITÉ qui nous enserre redoubler de sang-froid et de prévoyance.

pourra enfin se livrer, en toute sécurité, aux Œuvres bienfaisantes de la Paix !

C'est pour toutes ces raisons, absolument vraies, que la SOCIÉTÉ FRANÇAISE, poussant l'amour du prochain jusqu'à des limites à elle inconnues, vous demande de vous associer à son utile labeur, qui, en étant le plus grand hommage que vous puissiez rendre à ce grand parti de la CHARITÉ que VINCENT DE PAUL appelait le Parti de Dieu, vous permet en même temps de satisfaire votre Sécurité et votre Reconnaissance.

Vous répondrez, Mesdames et Messieurs, à notre appel, et grands et petits, riches et peu fortunés, tous, sans exception, quel que soit votre âge et quel que soit votre sexe, réglant les battements de vos cœurs sur le cœur même de la Patrie, vous tiendrez à honneur de dresser, en face de l'égoïsme humain, un champion qui, en France, ne désarme jamais : L'ESPÉRANCE !

II

Pendant l'Exercice 1887, le COMITÉ DÉPARTEMENTAL de la Gironde s'est efforcé de diriger avec la plus scrupuleuse vigilance l'ensemble des différents services placés sous sa direction. Pour rendre facile l'examen du compte-rendu de ses travaux, nous l'avons subdivisé en neuf parties :

A. — Personnel et administration.

B. — Secours et allocations aux corps de troupe.

C. — Finances.

D. — Hôpitaux auxiliaires. — Matériel roulant.

E. — Assistance religieuse.

F. — Sous-Comités d'Arcachon et de Bazas.

G. — Lingerie. — Pansements antiseptiques. — Instruments de chirurgie.

H. — Appel pour les lits.

J. — Hôpitaux complémentaires. — Services généraux.

A

PERSONNEL ET ADMINISTRATION

Au 30 Avril 1888, le Comité départemental comptait, inscrits sur ses contrôles, **950** Membres, soit :

Présidents d'honneur et honoraires....	10
Membres d'honneur.....	11
Membres fondateurs......................	108
Dames..	530
Souscripteurs....	291

Constatons hautement, Mesdames et Messieurs, avec quel touchant empressement les Femmes Bordelaises, de toutes fortunes comme de toutes conditions, viennent tous les jours grossir en foule les rangs de votre Comité. « En matière de générosité, la part « suprême du mérite revient aux femmes. Elles « n'en ont pas que le sentiment, comme les hom- « mes, elles en ont encore l'esprit. Nous, nous don-

« nons ; elles s'entendent à imaginer le moyen de « recueillir. La chasse à l'offrande n'a pas de secret « pour elles, et le gousset le moins pénétrable est mis « à sec par leurs blanches mains. Elles ont une « ingéniosité, un zèle, une hardiesse que nous ne « saurions atteindre, et si elles adoptent une œuvre, « on peut être tranquille : la recette est sûre. » Notre satisfaction sur ce point est aussi complète. (3)

Des pertes bien sensibles ont, depuis votre dernière réunion, attristé nos relations sociales. Nous avons perdu Mme Barckhausen, enlevée dans des circonstances à jamais cruelles à l'amour des siens et au respect de la Cité ; MM. P. Duret ★, Emile Troye ★, Ch. de Rancourt, Ed. de Bethman ★, des collègues dévoués de la première heure.

Nous devons à la mémoire du regretté M. PAUL DURET une mention toute particulière. M. PAUL DURET fut, pendant toute sa vie, un modèle parfait de droiture et de modestie. En 1870, chargé de missions importantes à l'armée de la Loire et en Suisse, M. PAUL DURET les accomplit avec un grand dévouement. La Paix conclue, notre cher collègue fut secrétaire-général de votre Société, fonctions importantes qu'il n'abandonna que lorsque la maladie imposa le repos à son activité. Nous resterons fidèles à son souvenir. *(Adhésions générales.)*

Votre Bureau a subi en 1887 quelques modifications : le 2 mai, M. de Loynes, professeur à la Faculté de Droit, ancien adjoint au maire de Bordeaux, a remplacé M. Paul Duret comme secrétaire-général, et M. Daniel

(3) Jacques Stewal.

Guestier fils, membre fondateur, a succédé à M. Paul Duret en qualité de membre du Bureau.

Les exigences statutaires ont fait sortir cette année du Bureau : [4]

MM. Hautreux (✵) ★,
Schœngrun-Lopès-Dubec ★,
Docteur Pery ★,
Comte de Noaillan ★,
Baysselance (O ✵.)

Nous disons au revoir à ces honorables et bien chers Collègues dont les conseils expérimentés étaient pour nos délibérations des guides aussi précieux que distingués. (*Applaudissements.*)

Le 30 Avril dernier, l'ASSEMBLÉE GÉNÉRALE DES FONDATEURS a ainsi composé le BUREAU du Comité départemental de la Gironde pour l'année 1888 :

Président :

M. le Vte DE PELLEPORT-BURÈTE (✵) ★, ancien Sénateur de la Gironde et ancien Maire de Bordeaux, Délégué pour la 18me région militaire.

Vice-Présidents :

M. P.-E. ALAUZE ★, ancien adjoint au Maire de Bordeaux, vice-président du New-Club Comédie de Bordeaux.

M. PAUL GROSSARD (✵) ★, courtier de commerce.

Secrétaire-général :

M. P. DE LOYNES (I ✿), professeur à la Faculté de Droit, ancien adjoint au Maire de Bordeaux, membre du Conseil académique de Bordeaux.

---

(4) Ce signe ★ qui suit les noms de quelques Sociétaires indique ceux des Membres du **Comité Départemental de la Gironde** qui, pour services rendus pendant la guerre de 1870-1871, furent honorés de la Croix de bronze et du Diplôme d'honneur. (*Archives du C. D., 17 mars 1871, R. R.*)

Trésorier :

M. E. HUBERT (✻) ★, directeur de la succursale de la Banque de France à Bordeaux.

Secrétaire-adjoint :

M. D. C. MESTREZAT, négociant.

Trésorier-adjoint :

M. Gustave PIGANEAU, banquier, vice-consul du Portugal à Bordeaux.

Membres du Bureau :

M. Joseph BLANCHY (✻) ★, président du Cercle de l'Union, et ancien président du Tribunal de Commerce.

M. Julien BOUDIAS, Avoué près le Tribunal. administrateur de l'Institution nationale des Sourdes-Muettes.

M. Eug. CASTÉJA, notaire, conseiller général de la Gironde.

M. Daniel GUESTIER fils, trésorier de la Société d'encouragement du Club-Bordelais.

M. GAUTIER-LAGARDÈRE ★, administrateur du Dépôt de mendicité de Bordeaux.

M. E. LANUSSE (✻), administrateur des Hospices de Bordeaux, président du Cercle National.

M. E. LESCA ★, membre du Conseil Général de la Gironde.

M. Fernand SAMAZEUILH, banquier, administrateur du Bureau de Bienfaisance.

M. A SARRAIL, président du Conseil de Prud'hommes.

En 1887, Mesdames et Messieurs, votre Bureau a pris les décisions suivantes :

1. — Création de diplômes pour les Dames de la Société Française ayant suivi avec succès les cours

créés le 6 novembre 1884 dans l'une des dépendances de la Maison de Santé Protestante, et professés avec une rare distinction par M. le docteur DEMONS (✲) ★, assisté de MM. les docteurs BADAL (✲) et NÉGRIER (✲) ★, professeurs à la Faculté de médecine ; PEIRON, MONOD, M. DENUCÉ, A. MOUSSOUS et DUBREUILH, agrégés.

Six diplômes ont été délivrés à Mesdames Momméja, E. Surget, Gross-Droz, Picard, S. Durand, M. Estève ; deux à Mlles L. Maurel et E. Bonhoure.

A une époque où la plus cruelle des maladies qui puisse affliger l'Humanité : LE DÉTACHEMENT EN TOUTES CHOSES, semble vouloir s'abattre sur la France, c'est vraiment consolant pour ceux dont l'activité n'a pas faibli depuis dix-sept ans d'assister à de si utiles manifestations. Que les Dames aussi qui consacrent les loisirs que leur laisse le Foyer domestique, à s'instruire dans les soins qu'elles pourront être appelées à donner, aux soldats blessés et malades de nos Hôpitaux, reçoivent de votre Assemblée d'unanimes marques de gratitude. *(Applaudissements.)*

Vous trouverez aux annexes de ce rapport le compte rendu de ces examens rédigé par M. le docteur DEMONS. C'est un exposé très intéressant des résultats obtenus. Nous ne saurions trop le recommander à votre sérieuse attention.

2. — Décision portant qu'à l'avenir nul ne pourra exercer les fonctions de Président ou de Membre du Bureau, être inscrit comme Fondateur, ou faire partie du Personnel actif départemental, s'il n'est FRANÇAIS.

3. — Assistance de votre Bureau aux remarquables conférences sanitaires faites les 21 et 26 mai 1887, 15

et 22 mars 1888, par M. le docteur MORACHE (O ✵), Directeur du service de santé du 18e Corps d'Armée.

Présidant avec autant d'impartialité que de courtoisie l'action de la CROIX ROUGE FRANÇAISE dans notre région, M. le DOCTEUR MORACHE facilite puissamment à votre Bureau l'accomplissement de sa mission. Nous lui en sommes profondément reconnaissants.

4. — Célébration du SERVICE COMMÉMORATIF annuel, en l'Eglise primatiale, pour le repos de l'âme des soldats morts pour la France.

5. — Établissement du Siège social rue Victoire-Américaine, n° 8.

6. — Adoption définitive d'un LIVRET MATRICULE, pour servir en temps de Guerre aux membres et employés du Comité, de la carte d'identité exigée par les Règlements militaires, et d'une DÉCORATION SPÉCIALE devant, pendant la Paix, remplacer pour les membres de votre Bureau le brassard réglementaire.

7. — Réparations au monument de la Chartreuse, PROPRIÉTÉ DU COMITÉ, dans le but d'assurer la conservation des couronnes que la Population Bordelaise dépose avec tant d'empressement sur ce douloureux souvenir de 1870-1871.

8. — Inauguration dans la salle de nos délibérations, des portraits de M. le Maréchal de MAC-MAHON, président de la SOCIÉTÉ FRANÇAISE, du général Duc de FEZENSAC (G. C. ✵), de MM. les généraux Comtes de GOYON (G. C. ✵) et de FLAVIGNY (C. ✵) ★, de M. le général Duc de NEMOURS (G. C. ✵), anciens Présidents; de MM. PAUL MESTREZAT (✵) ★ et P. DURET ★, ancien Président et Secrétaire-Général du

Comité départemental, (5) ainsi que d'un tableau contenant les noms des membres du COMITÉ DÉPARTEMENTAL, honorés en 1870-1871 de la Légion d'honneur (6).

9. — Constitution de COMMISSIONS destinées à rapporter devant votre Bureau les questions à l'ordre du jour, relatives aux finances, approvisionnements, matériel, hôpitaux, lingerie, contentieux, pensions, etc., etc.

Nominations de COMMISSAIRES SPÉCIAUX chargés en temps de Paix de l'organisation des différents services, en temps de Guerre de leur direction. Voici les noms de ces commissaires et l'indication de leurs missions :

1° Contrôle des Hôpitaux auxiliaires, M. P. E. ALAUZE ★;

2° Personnel et matériel sanitaires : M. le DOCTEUR PERY ★ ;

3° Matériel roulant : MM. A. SARRAIL et GAUTIER-LAGARDÈRE ★ ;

4° Approvisionnements : M. HAUTREUX (✵)★ ;

5° Ouvroir des Dames : MM. ED. LAWTON et W. AUDINET DE PIEUCHON ;

6° Brancardiers : M. le COMMANDANT LAPORTE ★ ;

7° Sous-Comité du littoral du bassin d'Arcachon : M. A. PEYRELONGUE ★ ;

8° Sous-Comité de Bazas, M. le BARON DE MARBOTIN-SAUVIAC (✵) ;

9° Sous-Comité de Lesparre, M. E. CASTÉJA.

MM.

(5) Le Général duc de Fezenzac, 31 août 1865.
Le Général comte de Goyon, 8 février 1868.
Le Comte de Flavigny, 4 janvier 1870.
Le Général Duc de Nemours, 27 octobre 1873.
Le Maréchal de Mac-Mahon, 26 novembre 1886.

MM.

(6) Paul Mestrezat.
E. de Boissac.
Docteurs de Lacaussade, Lande et Demons.
A. Labadie.

Ces actes ordinaires d'administration accomplis, votre Bureau s'est occupé avec une très grande activité de la réalisation, pour la 18e région, d'un mode tout nouveau d'assistance sanitaire. Nous voulons parler de la confection d'un PANSEMENT INDIVIDUEL destiné à rapprocher le SECOURS du soldat BLESSÉ.

Dans quelques instants, notre honorable Collègue, M. le DOCTEUR PERY ★, vous expliquera ce que c'est que le PANSEMENT INDIVIDUEL déjà adopté par les gouvernements ALLEMAND, AUTRICHIEN, ITALIEN, RUSSE et HOLLANDAIS ; quel est le service qu'il doit rendre à vos enfants, et pourquoi la France n'a pas encore réalisé cette marche en avant, cependant si recommandable au point de vue de l'assistance générale des armées.

B

Secours et Allocations.

En 1887, sur l'initiative de votre honorable Vice-Président, M. Hautreux (❋) ★, le Bureau a expédié à la colonne envoyée au haut Sénégal et dirigée par M. le colonel Galliéni, 600 bouteilles de vin de Bordeaux.

M. le Ministre de la Marine nous a exprimé la vive reconnaissance du Gouvernement, pour la sollicitude « avec laquelle le Comité départemental cherche à » améliorer le sort des courageux soldats qui combat-

» tent pour étendre l'influence civilisatrice de la » France. » (7)

Cette dernière expédition porte à 77,172 le nombre des bouteilles de vins ou de liqueurs envoyées au TONKIN, à MADAGASCAR, au SÉNÉGAL et à FORMOSE par la voie de Bordeaux, soit **56,854** pour le Comité Central ; **6,648** pour le Comité de Nancy et **11,700** pour le Comité départemental de la Gironde.

MINISTÈRE (7)
de la
Marine et des Colonies

ADMINISTRATION
des
COLONIES

3e DIVISION

7e BUREAU
AFFAIRES MILITAIRES

Remerciements pour les envois faits au Sénégal.

RÉPUBLIQUE FRANÇAISE

LIBERTÉ — ÉGALITÉ — FRATERNITÉ

Paris, le 6/2527 Août 1888

Le Sous-Secrétaire d'Etat au Ministère de la Marine et des Colonies,

à Monsieur le Président de la Société de Secours aux Blessés (Comité départemental de la Gironde), à Bordeaux.

MONSIEUR LE PRÉSIDENT,

M. le Gouverneur du Sénégal vient de me transmettre un rapport dans lequel M. le Commandant Supérieur du Soudan Français rend compte de l'emploi qu'il a fait des dons en nature mis à sa disposition, à l'automne dernier, par la Société de Secours aux Blessés.

Grâce à la générosité de la Société, il a été possible d'améliorer, dans une proportion considérable, l'ordinaire des troupes appartenant à la colonne chargée de ravitailler les postes du Haut-Sénégal, et M. le lieutenant-colonel Gallieni n'hésite pas à affirmer que les nombreuses distributions qui ont pu être ainsi faites pendant la campagne ont largement contribué à la diminution de la mortalité.

En vous signalant cet excellent résultat, je suis heureux de saisir cette occasion pour vous exprimer la vive reconnaissance de tous ceux qui ont, dans la circonstance, bénéficié de la générosité de la Société de Secours aux Blessés, et j'y joins mes remerciements personnels pour la sollicitude avec laquelle la Société que vous présidez cherche à améliorer le sort des courageux soldats qui combattent pour étendre l'influence civilisatrice de la France.

Recevez, Monsieur le Président, les assurances de ma considération la plus distinguée.

A. DE LA PORTE.

Depuis votre dernière Assemblée nous avons distribué **2,982** francs de secours, se répartissant ainsi :

2 secours extraordinaires pour l'entretien de nos PUPILLES, les jeunes PETRETO et LAPRA.

13 secours à d'anciens militaires.

9 secours à des veuves et orphelins.

9 secours à des ascendants.

En prévision des dépenses considérables dont nous vous parlerons plus loin, nous avons décidé, tout en maintenant les anciens secours, de ne plus en accorder que dans les cas absolument exceptionnels.

Comme par le passé, les Corps de Troupe stationnés dans la Gironde (15e dragons, 6e hussards, 144e et 57e de ligne) ont reçu les allocations habituelles pour prix de tir et entretien de bibliothèques, s'élevant à **679** fr. **15** c. Toutefois, comme pour les dons manuels, nous avons arrêté que sauf des cas particuliers, ces encouragements ne seraient pas renouvelés en 1889.

C

Finances.

Au 1er JANVIER 1888, nos réserves s'élevaient à la somme de **321,457 fr. 73 c.**, et l'ensemble de nos secours, achats de matériel, frais d'administration, etc., représentait une dépense de **19,704 fr. 68 c.**, assurée par les revenus de la réserve et le produit des cotisations.

Puisque nous parlons finances, nous devons vous faire part d'une opération que le COMITÉ a fait l'an dernier, à une heure où de graves difficultés pouvant troubler la Paix semblaient devoir, comme toujours, surgir inopinément.

Si la Guerre avait éclaté en 1887, le COMITÉ aurait été obligé de vendre ses rentes pour parer aux premiers besoins; de là une perte considérable. Touché par cette constatation, nous avons MOBILISÉ notre réserve en vendant nos RENTES et en les convertissant en BONS DU TRÉSOR.

Depuis, le calme s'étant rétabli, nous n'avons conservé que **150,000** fr. en BONS DU TRÉSOR et racheté, pour le solde, des RENTES dont le revenu, supérieur à celui des BONS DU TRÉSOR, donne à notre budget ordinaire une élasticité désirable.

Le CONSEIL CENTRAL nous a félicités de cet acte de prudence ; et, comme depuis 1871 nous portions dans notre budget nos rentes au prix d'achat, nos disponibilités de ce chef ont été augmentées de **76,610 fr. 20 c.** (*Vives adhésions*).

Suivant l'usage, le compte financier présenté par M. E. HUBERT (✵) ★, Directeur de la succursale de la Banque de France et Trésorier du Comité, a été approuvé le 30 AVRIL dernier par l'ASSEMBLÉE GÉNÉRALE STATUTAIRE, sur le rapport d'une Commission composée de MM. MARC MAUREL ★, FEYDIT et RAPHEL ★, membres du Comité.

Mentionnons, Messieurs et chers Collègues, les dons faits en 1888 à notre Comité par l'ASSOCIATION DES OFFICIERS DE L'ARMÉE ACTIVE, DE LA RÉSERVE ET DE L'ARMÉE TERRITORIALE, par MM. les ÉTUDIANTS

Bordelais, par la Société Hippique en liquidation et par la Chambre Syndicale de l'Union de la Boucherie. Ces généreux bienfaiteurs peuvent être certains qu'à l'heure de la Mobilisation nous leur rendrons au centuple ce qu'ils nous ont donné [8].

---

[8] Au moment de mettre sous presse le présent rapport le **Comité Départemental** reçoit une somme de **2,000 francs**, prélevée sur les produits du Carrousel donné le 29 Avril 1888 par le **6e Hussards.**

Que M. le Colonel Marin et MM. les Officiers, Sous-Officiers et Soldats du **6e Hussards** reçoivent ici l'hommage de notre profonde reconnaissance.

Afin de perpétuer parmi nous le souvenir du 6e Hussards, et aussi pour obéir aux prescriptions impératives de ses Statuts qui font une loi au **Comité Départemental** d'employer l'intégralité de ses ressources à des Œuvres d'Assistance militaire, il a été décidé que cette somme serait affectée a des achats de **Lits** pour les Hôpitaux du **Comité Départemental.** Sur ces lits la mention suivante sera inscrite : « Don du 6e Hussards. — Colonel Marin. »

D

Hôpitaux auxiliaires. — Matériel roulant.

Comme nous vous le disions au début de ce rapport, le DÉCRET DU 3 JUILLET 1884 impose à la SOCIÉTÉ FRANÇAISE plusieurs obligations dont QUATRE lui sont absolument PERSONNELLES ; elle n'en partage la responsabilité AVEC AUCUNE AUTRE Société de la Croix Rouge. Pour la CINQUIÈME elle en assure la réalisation avec le concours des autres Sociétés d'assistance militaire formées ou à former sur le territoire.

La SOCIÉTÉ FRANÇAISE a le DEVOIR INDIVIDUEL :

1° De prêter son appui au SERVICE de L'ARRIÈRE des ARMÉES en ce qui concerne LES TRAINS SANITAIRES D'ÉVACUATION (art. 2 du DÉCRET du 3 juillet 1884 et art. 169 du RÈGLEMENT DU SERVICE DE SANTÉ, du 25 avril 1884.)

2° De constituer et de diriger les INFIRMERIES DE GARE (art. 2 du décret du 3 juillet 1884 et articles 108 et 170 du RÈGLEMENT DU SERVICE DE SANTÉ).

3° De relever les HÔPITAUX DE CAMPAGNE (art. 2 du décret du 3 juillet 1884, articles 100 et 157, titre III du RÈGLEMENT du SERVICE de SANTÉ des ARMÉES.

4° De donner le mot d'ordre, en temps de guerre, à l'ASSISTANCE VOLONTAIRE, c'est-à-dire de diriger l'action de toutes les SOCIÉTÉS FRANÇAISES et ÉTRANGÈRES, sans exceptions aucunes qui viendraient à se former sous l'impulsion des événements et qui ne seraient pas reconnues d'*utilité publique* (articles 3 et 18 du DÉCRET du 3 juillet 1884.

La SOCIÉTÉ FRANÇAISE a le DEVOIR COLLECTIF :

D'organiser des hôpitaux auxiliaires avec les autres SOCIÉTÉS DE LA CROIX ROUGE reconnues d'utilité publique, et cela dans les circonscriptions de leurs Comités respectifs (art. 2 du DÉCRET du 3 juillet 1884).

Possédant déjà, à Bordeaux :

1 Voiture à 4 roues.
1 Voiture à 2 roues,
1 Fourgon

destinés au TRANSPORT DES BLESSÉS ET DES MALADES, ainsi que les types nécessaires à l'augmentation *sur place* de ce matériel ; certains de pouvoir approprier avec les ressources locales les voitures des Chemins de fer au fonctionnement des trains d'évacuation, nous n'avons eu en 1887 qu'à nous préoccuper de l'organisation de nos HÔPITAUX AUXILIAIRES, et la tâche était déjà assez lourde. Nous croyons cependant être arrivé à un résultat satisfaisant.

D'accord avec M. le DÉLÉGUÉ RÉGIONAL ; soutenu chaleureusement par l'honorable M. DANEY (O. ✻), alors Maire de Bordeaux, qui plus que personne savait par une expérience des plus honorables, acquise en 1870 à la tête de l'INTENDANCE BORDELAISE, que l'initiative des citoyens rend parfois à l'organisation officielle des services bien inattendus ; aidés puissamment par les Administrations de l'INSTITUTION NATIONALE des SOURDES-MUETTES, de la MAISON DE SANTÉ PROTESTANTE, du BUREAU DE BIEN-

FAISANCE, du DÉPÔT DE MENDICITÉ, de l'ASILE BRANDENBURG, du COLLÈGE DE TIVOLI, ainsi que par le CLERGÉ PAROISSIAL DE TALENCE, nous avons dressé un état de **94** ÉTABLISSEMENTS POUVANT CONTENIR **6,955** LITS.

Mais comme il était impossible d'organiser d'un seul trait un ensemble aussi considérable d'Hôpitaux, et conformément, du reste, à la lettre de service du 24 DÉCEMBRE 1887 de M. le DIRECTEUR DU SERVICE DE SANTÉ DU 18e CORPS D'ARMÉE, nous avons divisé l'opération en **VI** GROUPES et nous ne nous sommes occupés, en 1887-1888, que du PREMIER de ces groupes, composé :

De 19 HÔPITAUX contenant **1,167** lits, et ainsi situés :

UN pour OFFICIERS, à Talence ;

DIX-HUIT dans Bordeaux, pour SOUS-OFFICIERS ET SOLDATS.

PREMIER GROUPE

Emplacements des Hôpitaux auxiliaires.

Hôpital n°	1. dit de Saint-Louis	60	lits.
»	2. » de la Trésorerie	60	»
»	3. » de Cheverus	60	»
»	4. » de Sainte-Eulalie	60	»
»	5. » des Menuts	60	»
»	6. » des Douves	60	»
»	7. » de la place Michel	60	»
»	8. » d'Henri IV	60	»
»	9. » de Nuyens-La-Bastide	60	»

Hôpital n°	10.	» de La Bastide (9)...................	60 lits.
»	11.	» de Saint-Remi.....................	60 »
»	12.	» de Toulouse.......................	60 »
»	13	» de Talence	40 »
»	14.	» du Jardin-Public..................	97 »
»	15.	» des Sourdes-Muettes...............	110 »
»	16.	» de la Maison de santé.............	60 »
»	17.	» du Dépôt de Mendicité............	40 »
»	18.	» de l'Asile Brandenburg............	60 »
»	19.	» de Tivoli.........................	40 »

ADMINISTRATEURS

			MM.
Hôpital n°	1.	dit de Saint-Louis..........	J. Blanchy (✻) ★.
»	2.	» de la Trésorerie..........	H. de Boissac ★.
»	3.	» de Cheverus.............	Cte de Noaillan ★.
»	4.	» de Ste-Eulalie...........	Eug. Casteja.
»	5.	» des Menuts..............	E. Bouluguet.
»	6.	» des Douves..............	E. Leroy.
»	7.	» de la place Michel......	D. Guestier fils.
»	8.	» d'Henri IV..............	Schœngrun Lopès-Dubec ★.
»	9.	» de Nuyens-La-Bastide..	Bourgès.
»	10.	» de La Bastide..........	Gayon.
»	11.	» de Saint-Remi..........	Leurent.
»	12.	» de Toulouse............	Baysselance (O. ✻)
»	13.	» de Talence.............	Lançon ★.
»	14.	» du Jardin-Public.......	Hautreux (✻) ★.

(9) Cette maison doit être établie par le Bureau de bienfaisance, mais la question n'est pas encore résolue.

Hôpital n° 15. dit des Sourdes-Muettes.... Cavé-Esgaris (✻).
» 16. » de la Maison de santé Preller.
» 17. » du Dépôt de Mendicité. de Forcade.
» 18. » de l'Asile Brandenburg. Larroque.
» 19. » de Tivoli................ H^te^ Grossard ★.

Infirmerie de gare (Bordeaux). P. Grossard (✻) ★.

DIRECTION DU SERVICE MÉDICAL

MM. les docteurs

Hôpital n° 1. dit de Saint-Louis..... Négrier (✻) ★, Rondot.
» 2. » de la Trésorerie.... Durodier, de Fleury.
» 3. » de Cheverus........ Boursier père ★, Gervais Koysièwicz.
» 4. » de Ste-Eulalie....... Segay ★, Verdalle.
» 5. » des Menuts......... Joyaux ★, Riquart.
» 6. » des Douves......... Boscq, Lapeyronie.
» 7. » de la place Michel. P. Dupuy ★, Tissier.
» 8. » d'Henri IV......... Gely ★, Vergely ★.
» 9. » de Nuyens-La-Bastide.............. Venot, Chabrely.
» 10. » de La Bastide...... Philipot.
» 11. » de Saint-Remi...... Salviat, Coignet ★.
» 12. » de Toulouse........ Solles.
» 13. » de Talence......... Lanelongue ★, Loignon ★,
» 14. » Jardin-Public....... Azam (✻), Ch. Dubreuilh (✻).
» 15. » des Sourdes-Muettes Coynes, Pujos ★.
» 16. » de la Maison de santé.............. Demons (✻) ★ Moussous père (✻) ★.

Hôpital n°	17. dit du Dépôt de Mendicité	Dudon, L. Dubreuilh, ★ Saint-Philippe-Rousseau.
»	18. » de l'Asile Brandenburg	Page.
»	19. » de Tivoli	N. N.
Infirmerie de gare (Bordeaux).....		N.

Médecin oculiste des Hôpitaux du Comité.

M. Le Dr Badal (✵), professeur à la Faculté de médecine.

AGENTS COMPTABLES

				MM.
Hôpital n°	1.	dit	de Saint-Louis......	Maurice Peyrelongue.
»	2.	»	de la Trésorerie ...	Julien Baguenard.
»	3.	»	de Cheverus........	André Calvé.
»	4.	»	de Ste-Eulalie.......	Nouguey.
»	5.	»	des Menuts.........	Langlois.
»	6.	»	des Douves.........	Élie Bernat.
»	7.	»	de la place Michel.	Ed. Lawton.
»	8.	»	d'Henri IV..........	Fr. Brown
»	9.	»	de Nuyens-La-Bastide............ ...	Matabon.
»	10.	»	de La Bastide.	Daniel Peyrelongue.
»	11.	»	de Saint-Remi	Maugras.
»	12.	»	de Toulouse........	Roux.
»	13.	»	de Talence	Julien Calvé.
»	14.	»	du Jardin-Public ..	Audouin-Dubreuilh.
»	15.	»	des Sourdes-Muettes	Pustienne.

Hôpital n° 16.	dit de la Maison de santé	Desbonne.
» 17.	» du Dépôt de Mendicité............	Armand Lalande.
» 18.	» de l'Asile Brandenburg...........	Roques.
» 19.	» de Tivoli............	Ferrière.

M. le Ministre de la guerre ayant décidé l'organisation dans Bordeaux, d'une INFIRMERIE de GARE D 40 LITS, affectée à répartir entre nos Hôpitaux auxiliaires les blessés et malades que les TRAINS D'ÉVACUATION amèneraient dans notre région, nous avons proposé au Conseil Central, qui l'a accepté, de placer cet établissement sous la direction de M. le docteur ORÉ (❊) ★, professeur à la Faculté de médecine, assisté de M. PAUL GROSSARD (❊) ★, *administrateur* des services économiques.

Le fonctionnement de cette Infirmerie de Gare sera assuré par les VOITURES D'AMBULANCES que nous possédons, augmentées si cela est nécessaire, et desservies par 20 chevaux et plusieurs cochers déjà immatriculés ainsi que par des escouades de brancardiers.

Ajoutons qu'un personnel d'infirmiers pris en partie parmi les HOMMES DES QUATRE DERNIÈRES CLASSES de la réserve de l'Armée Territoriale, conformément aux Décisions Ministérielles des 9 Avril et 1er Novembre 1887, et à la suite d'AVIS publiés dans les journaux est constitué, et que les autorisations ministérielles sont demandées.

Les services généraux de nos Hôpitaux dirigés par nos Administrateurs seront placés sous la surveillance :

Hôpitaux nos 1, 2, 3, 4, 5, 6, 9, 10, 11 et 12,

DES SŒURS DE SAINT-VINCENT-DE-PAUL.

Hôpitaux nos 7 et 8,

DES DIRECTRICES DE CES DEUX MAISONS DE BIENFAISANCE.

Hôpital de Talence, n° 13,

DES FRÈRES DE LA DOCTRINE CHRÉTIENNE et des SŒURS DE L'ESPÉRANCE.

Hôpital du Jardin-Public, n° 14,

DES DAMES DU COMITÉ.

Hôpitaux des Sourdes-Muettes et du Dépôt de Mendicité, nos 15 et 17,

DES DAMES DE NEVERS.

Hôpital de la Maison de Santé, n° 16

De Mme LA DIRECTRICE DE L'ÉTABLISSEMENT.

Hôpital Brandenburg, n° 18,

DE LA DIRECTION DE L'ASILE DE NUIT.

Hôpital de Tivoli, n° 19,

DE L'ADMINISTRATION DE LA MAISON.

Enfin, Messieurs et chers Collègues, LES DAMES DU COMITÉ dont le dévouement à notre Œuvre ne s'est pas lassé un seul jour, depuis quatre longs mois, se sont groupées, le **7** MAI DERNIER, sous la direction de MMmes Veuve F. de LUZE, Présidente; baronne de BRIVAZAC ★ et H. GRADIS, Vice-Présidentes; DEMONS et VERGELY, Secrétaires, en **19** SECTIONS correspondant à chacun de nos Hôpitaux pour, conformément aux prescriptions de l'article 10 du RÈGLEMENT DU

Comité Départemental du 14 avril 1886; assurer en temps de paix les moyens d'augmenter les ressources de l'Œuvre, la constitution des dépôts de lingerie, la réception des engagements conditionnels (lits et objets de lingerie); en temps de guerre, la surveillance des soins personnels que comporte pour les dames infirmières le service des Hôpitaux.

Cette division en Sections est essentiellement pratique. Chacune de ces Dames pourra ainsi étudier d'avance les ressources particulières de sa circonscription, et au moment de la Mobilisation, toutes sauront à quelles portes il faut frapper pour augmenter les ressources dont nous aurons besoin pour réaliser notre Assistance auxiliaire.

Voici les noms des Dames Présidentes de chacune de ces 19 sections :

1re section..............	Mmes Denucé ★.
2e »	Joseph Cuzol.
3e »	Bayle.
4e »	Hirigoyen (mère) ★.
5e »	N.
6e »	Aygueparsse.
7e »	J. L. Duret.
8e »	L. Gomez-Vaëz.
9e »	Bourgès.
10e »	(pour mémoire).
11e section..............	Caron.
12e »	(pour mémoire).
13e »	Lançon.
14e »	Pelleport-Burète (Vve de Princetau (Paul) Vce-Pte.

15e	»	....	Mmes Delcurrou.
16e	»	....	Soulier.
17e	»	....	Gautier-Lagardère. Edmond Cruse, *Vice-Pte*.
18e	»	....	A. Brandenburg. Bayssellance, *Vice-Prés*.
19e	»	....	Adolphe Bermond.

E

Assistance Religieuse.

A l'heure où le Conseil départemental, faisant appel à toutes les forces vives de la cité Bordelaise, s'occupait de constituer son hospitalisation, sa première préoccupation a été d'assurer aux blessés et malades de ces Hôpitaux, et cela dans des conditions de respect et d'impartialité absolues, le libre exercice de leurs cultes respectifs.

Pour donner satisfaction à ce principe traditionnel de l'assistance de la Société Française :

1° Nous avons placé à la tête de nos 19 Hôpitaux une Section de Dames, dans la composition de laquelle entrent de plein droit des Dames Catholiques, Protestantes et Israélites.

Chacune des trois Communions reconnues par l'État sera ainsi représentée dans la surveillance permanente de notre Assistance religieuse et en même temps le Caractère d'origine de nos divers Établissements, qui les uns ont à leur tête des Sœurs de Charité, les autres des Commissions Consistoriales, quelques-uns des Sociétés civiles, disparaîtra pour prendre le

CARACTÈRE IMPERSONNEL que doivent avoir tous les Hôpitaux de la CROIX-ROUGE FRANÇAISE ;

2° D'accord avec Mgr l'ARCHEVÊQUE DE BORDEAUX, M. le PASTEUR président du Consistoire protestant et M. LE GRAND RABBIN, nous avons décidé que nos blessés et malades seraient SPIRITUELLEMENT assistés par les Ministres des différents cultes dans la circonscription desquels se trouvent situés nos Hôpitaux.

A l'entrée de chacun de nos blessés et malades dans nos Maisons, le Ministre de son Culte en recevra avis par écrit ; la responsabilité morale du COMITÉ se trouvera par ce fait entièrement dégagée.

Nous sommes convaincus, Mesdames et Messieurs, que vous qui ne séparez jamais l'idée de DIEU de l'idée de la PATRIE, vous approuverez l'ensemble de ces mesures destinées à affirmer les droits imprescriptibles de la Conscience. *(Approbation générale.)*

Mentionnons ici l'état officiel de ce Service :

Culte Catholique.

Hôpitaux nos 1, 2, 3, 4, 5, 6, 7, 8, 9, 10, 11, 12, 13, 14, 16 et 18.

MM. les CURÉS et VICAIRES des paroisses dans les circonscriptions desquelles se trouvent situés ces Hôpitaux.

Hôpitaux nos 15, 17 et 19.

MM. les AUMÔNIERS des Sourdes-Muettes, du Dépôt de Mendicité et du Collège de Tivoli.

Culte Protestant.

Hôpitaux nos 1, 7, 10, 16 et 19.

M. le pasteur Soulier.

Hôpitaux nos 2, 3, 14, 15 et 17.

M. le pasteur Cadene.

Hôpitaux nos 4, 8, 11 et 18.

M. le pasteur Louitz (✻).

Hôpitaux nos 5, 9 et 12.

M. le pasteur Recolin.

Hôpitaux nos 6 et 13.

M. le pasteur Morand.

Culte Israélite.

M. le Grand Rabbin Lévy (✻).

F

Sous-Comités d'Arcachon et de Bazas. (10)

Nous sommes heureux, Mesdames et Messieurs, de vous annoncer qu'un Sous-Comité du Comité départemental de la Gironde a été organisé, le 14 Avril 1888,

(10) Ce Sous-Comité a été affilié par décision du Conseil Central, en date du 5 Juillet 1888.

pour le LITTORAL DU BASSIN D'ARCACHON. Son Bureau est ainsi composé :

Président : M. AUGER (o. ✻), capitaine de frégate en retraite.

Vice-Présidents : MM. VIDAL (✻), DUBOIS (✻), anciens officiers.

Secrétaire : M. PAPIN.

Secrétaire-adjoint : M. BRANNENS, négociant.

Trésorier : M. de PEYREDIEU DU CHARLAT, propriétaire.

Trésorier-adjoint : M. GRENIER, maire d'Arcachon.

Commissaires : MM. H. JHONSTON (✻) ★, propriétaire; DIGNAC, notaire à Gujan; A. LESCA ★, propriétaire à la Teste; SABY, ESCARRAGUEL, NÈGRE, GENY, propriétaires à Arcachon.

Ce SOUS-COMITÉ, qui a déjà constitué son COMITÉ DE DAMES dont Mme la Maréchale DE SAINT-ARNAUD a accepté la présidence d'honneur et Mmes les Générales DE TARTAS et ESPINASSE les Vice-Présidences, s'occupe en ce moment, sous l'active impulsion de M. A. PEYRELONGUE ★, membre du Comité départemental, auquel nous adressons pour son infatigable activité tous nos remerciements confraternels, d'organiser des FORMATIONS SANITAIRES POUR CONVALESCENTS, qui, en nous permettant d'évacuer sur cette station balnéaire les blessés et malades des Établissements Girondins, rendront d'incontestables services à l'ensemble de notre Assistance.

Que les honorables citoyens qui sous le haut patronage de M. le GÉNÉRAL BOURDILLON (c. ✻), et des NOTABILITÉS RELIGIEUSES, DÉPARTEMENTALES ET MUNI-

CIPALES de la région, ont accepté avec empressement l'honneur de diriger ce précieux couronnement de votre hospitalisation, reçoivent ici l'expression de nos sincères félicitations. (*L'Assemblée tout entière s'associe à ces sympathiques paroles.*)

Nous avons encore la bonne fortune de pouvoir vous annoncer que grâce au zèle de notre collègue, M. le baron de MARBOTIN SAUVIAC (✻), ancien Préfet, le SOUS-COMITÉ de l'ARRONDISSEMENT DE BAZAS, pour l'organisation duquel MM. DROUILHET DE SIGALAS, ancien conseiller général de la Gironde, DE MONTCABRIEN, ancien magistrat, et REGLAT, avocat, ont bien voulu promettre leur concours, est en voie de formation. Nous adressons à ces honorables concitoyens nos remerciements les plus empressés.

Nous sommes certains que sous peu de jours des Comités similaires seront constitués dans les arrondissements de BLAYE et de LESPARRE.

G

Constitution de la Lingerie. — Pansements antiseptiques — Instruments de Chirurgie.

L'Organisation morale et matérielle de nos Hôpitaux ainsi assurée, restaient à réaliser deux opérations délicates :

1° La Constitution d'une LINGERIE devant, pour donner satisfaction aux premiers besoins, réunir SANS

COMPTER UN APPROVISIONNEMENT IMPORTANT EN PANSEMENTS ET APPAREILS, **13,400** unités, soit :

DRAPS DE LITS (paires)....	**2,000**
COUVERTURES................	**1,000**
TORCHONS....................	**500**
COUVRE-PIEDS................	**1,000**
CHEMISES.....................	**2,000**
CRAVATES.....................	**1,000**
BONNETS DE COTON..........	**1,000**
MOUCHOIRS....................	**2,000**
PANTOUFLES..................	**1,000**
SABOTS........................	**1,000**
VESTES D'HÔPITAL...........	**300**
TABLIERS DE MÉDECINS.....	**100**
TABLIERS D'INFIRMIERS......	**500**

2° La Concentration en nos mains, par des PRÊTS ÉVENTUELS, de **1,107** lits.

Pour procéder par ordre, parlons d'abord de la LINGERIE.

Afin d'atteindre sûrement le but, et après avoir voté un crédit de **10,000 francs**, pris sur nos réserves, crédit auquel le CONSEIL CENTRAL a bien voulu ajouter **3,500 francs**, nous avons divisé l'OPÉRATION DE LA LINGERIE en trois parties :

1° Les achats que le Comité devait réaliser immédiatement, dans l'impossibilité où il serait de les faire dans les trois premiers jours de la mobilisation : COUVERTURES, VESTES D'HÔPITAL, TABLIERS DE MÉDECINS ET D'INFIRMIERS ;

2° Les Approvisionnements pouvant FAIRE DANS BORDEAUX l'objet de MARCHÉS éventuels: COUVRE-PIEDS, CRAVATES, BONNETS DE COTON, PANTOUFLES, SABOTS ;

3° Les objets que les Dames étaient en situation de CONFECTIONNER ELLES-MÊMES, ou, en accomplissant en même temps une œuvre charitable, de FAIRE ÉTABLIR par des Établissements religieux, ainsi que par des ouvrières en chambre : DRAPS DE LITS, TORCHONS, CHEMISES, MOUCHOIRS.

Si nous avions pu retarder cette Assemblée, ayant déjà réuni, malgré les nombreux départs pour la campagne qui gênent l'activité de notre propagande, un nombre TRÈS IMPORTANT de draps, de couvertures, de sommiers, de couvres-pieds, etc., etc., soit **9,158** unités sur les **13,400** dont nous avons besoin, nous aurions été en mesure de vous dire aujourd'hui : L'OPÉRATION EST ACCOMPLIE. L'affirmer en ce moment ne serait pas exact.

Confiants, toutefois, dans le dévouement admirable de nos Dames qui, sous les présidences honoraires de Mme la MARÉCHALE DE SAINT-ARNAUD, de Mme la MARÉCHALE COMTESSE NIEL ★, et de Mme PAUL MESTREZAT ★, surmontent les obtacles réunis d'une saison ingrate et d'une première constitution toujours laborieuse à ses débuts ; confiants dans l'activité infatigable des Commissaires spéciaux de notre Ouvroir, MM. ED. LAWTON et AUDINET DE PIEUCHON, nous sommes autorisés à penser que ce premier approvisionnement INDISPENSABLE sera sous peu à notre disposition.

Nous réunissons encore personnellement en magasin une provision de PANSEMENTS ANTISEPTIQUES, et nous sommes assurés, par des ENGAGEMENTS POSITIFS, de pouvoir faire plus tard antiseptiquer SUR PLACE les compléments dont nous aurions besoin. Ajoutons que les Dames de l'HÔPITAL n° 16 s'occupent en ce moment de confectionner avec une rare habileté des APPAREILS POUR FRACTURES.

Quant à nos ressources en INSTRUMENTS DE CHIRURGIE, elles sont très suffisantes pour assurer le service de nos Hôpitaux auxiliaires.

Nous n'en serons pas réduits, comme en 1870, à envoyer en ANGLETERRE chercher les instruments dont nous aurions besoin.

Nous avons **752** PIÈCES contenues dans 1 boîte de chirurgie, 19 sacoches, 13 trousses, 1 giberne, 1 sac d'ambulance, 1 boîte de pharmacie, etc., etc.

Nous possédons également en réserve 246 BRASSARDS pour servir d'insignes, en TEMPS DE GUERRE, à notre personnel; 21 DRAPEAUX à croix rouge pour être placés sur nos Hôpitaux; **44** appareils de transformation; 7 Brancards simples, 1 Brancard couvert; une Cantine d'ambulance et autres objets accessoires.

Dès que l'ensemble de ce matériel sera complet, nous en ferons la répartition AU PRORATA DES LITS A DESSERVIR entre les différentes Maisons dans lesquelles, en cas de Mobilisation, doivent être établis nos Hôpitaux, et le solde sera mis en réserve dans notre DÉPÔT CENTRAL (Hôpital n° 17.)

H

Appel pour les Lits.

Ne pouvant acheter les **1,107** lits dont nous avons besoin, eu égard d'abord à la dépense, ensuite à cause de L'IMPOSSIBILITÉ ABSOLUE d'en entretenir la literie, nous nous sommes décidés à adresser à nos Concitoyens des demandes D'ENGAGEMENTS ÉVENTUELS. Le courant manifestement sympathique qui s'est établi en faveur de cet Appel, qui est tout récent et qui s'est produit à une époque de vacances suivie de fêtes publiques (NOUS AVONS DÉJA **490** ENGAGEMENTS), nous permet de penser que nos espérances seront couronnées de succès. Il y a dans ce PRÊT, car ce n'est qu'un PRÊT que nous demandons et non un DON, un devoir civique fort peu onéreux à remplir, car il ne doit être effectué QU'EN CAS DE MOBILISATION. [11]

A ce sujet, vous entendez dire, Mesdames et Messieurs, par des personnes TRÈS BIENVEILLANTES POUR NOTRE ŒUVRE, mais peu au courant des nécessités actuelles de notre Assistance, qu'il est inutile, toutes les FAMILLES BORDELAISES étant disposées, EN CAS DE MOBILISATION, à nous venir en aide de la manière la plus large, de prendre à l'avance des engagements écrits. On vous a même peut-être rappelé ce qui s'était passé en 1870, à une date où, sous le coup de l'inexpérience tout devait s'improviser. Réagissez énergiquement contre ces fâcheuses impressions. Si elles venaient à prévaloir, TOUTE L'ÉCONOMIE DE NOTRE PRÉVOYANCE

---

(11) Nous citons au nombre de ceux qui ont répondu à notre appel : *Le New-Club-Comédie* (**20 lits**), et le *Cercle de l'Union* (**10 lits**).

SERAIT BOULEVERSÉE, et au lieu d'arriver à l'heure dite, nous serions certainement en retard.

L'erreur que commettent ceux qui critiquent cet appel, vient de ce qu'ils oublient la TRANSFORMATION RADICALE que le Décret de 1884 a apportée dans les attributions de la Société Française. Aux AMBULANCES volantes et sédentaires de l'année terrible, ont succédé les HÔPITAUX auxiliaires et les HÔPITAUX de campagne; à la CHARPIE, le PANSEMENT antiseptique ; à L'EXPÉDITION IRRÉGULIÈRE de blessés recrutés çà et là, la régularité des TRAINS SANITAIRES et la sécurité des INFIRMERIES DE GARE ; à la SPONTANÉITÉ enfin de l'initiative privée, la MILITARISATION de notre Secours.

La Mobilisation de la NATION en 1888 a autant de rapport avec l'Entrée en campagne de l'ARMÉE en 1870, que nos CHEMINS DE FER actuels ressemblent aux MALLES-POSTES de nos grands-pères; en cela comme en tant de choses, le Temps a passé, et avec l'expérience les procédés se sont transformés. Il faut aussi se soumettre aux événements ou se démettre, et c'est parce que nous n'entendons pas nous démettre que nous demandons avec instance à nos Concitoyens de prendre, D'ORES ET DÉJA et sans attendre les événements, l'ENGAGEMENT ÉCRIT de nous prêter dans les TROIS PREMIERS JOURS DE LA MOBILISATION les LITS dont nous avons besoin pour assurer l'observation du Contrat synallagmatique qui nous lie à l'État.

Comme cet exposé ne doit laisser dans l'ombre aucun point essentiel; au risque de tomber dans des redites, nous vous expliquerons une dernière fois, de quelle manière doit s'effectuer l'installation de nos Hôpitaux auxiliaires.

Le Décret de mobilisation AFFICHÉ, que feront nos agents comptables ? Dès le premier jour, chacun d'entre eux ira chercher les lits qu'il a en charge ; les Prêteurs les lui donneront, il les fera porter dans nos hôpitaux, et après s'être assuré que les services accessoires peuvent marcher, il ouvrira le dépôt de la lingerie. De leur côté, les Médecins, les Dames, les Administrateurs, les Infirmiers se rendront à leurs postes respectifs, et dans les TROIS JOURS, les malades pourront arriver. Voilà l'Ordre tel que nous le comprenons.

Supposez maintenant que les promesses des lits NE SOIENT PAS IMMATRICULÉES PAR AVANCE ; il faudra s'adresser au Public par LA VOIE DE LA PRESSE, et dans un moment plein d'émotion où notre appel pourra même n'être pas entendu ; ce sera 24 heures au moins de retard ; il faudra ensuite enregistrer les offres, encore autres 24 heures ; dresser des états, faire les répartitions, aller chercher les lits, rectifier les erreurs, et tout cela au milieu des bouleversements inévitables que la mobilisation apportera dans nos habitudes. C'est en définitive UNE SEMAINE de perdue fort inutilement en tâtonnements et en fausses manœuvres, et tout cela parce qu'en TEMPS DE PAIX on n'aura pas pris un engagement conditionnel que tous veulent en cas de GUERRE réaliser. Lorsque les objections sont bonnes, il faut les respecter ; lorsqu'elles sont mauvaises, il faut les combattre ; c'est ce que nous faisons. Mais vous nous avez compris, et sous peu de jours nous sommes certains de pouvoir, le cas échéant, dégager la parole qu'en votre nom nous avons donnée. (*Vives adhésions, assentiment général.*)

I

Hôpitaux complémentaires. – Services généraux.

Comme nous avions l'honneur de vous le dire, Mesdames et Messieurs, il y a quelques instants, le PREMIER GROUPE de ses HÔPITAUX constitué, le COMITÉ DÉPARTEMENTAL aura, en 1888-89, à s'occuper sans désemparer de l'organisation des CINQ DERNIERS GROUPES des **94** FORMATIONS SANITAIRES que, pour obéir aux prescriptions du Décret du 3 JUILLET 1884, il doit constituer. Cette affirmation complémentaire de notre Assistance ne sera pas toutefois aussi pénible que celle que nous venons d'accomplir.

Nous nous bornerons à arrêter définitivement le choix des locaux, à constituer le personnel administratif et médical, en un mot, à tout organiser pour être prêts dans LE MOIS qui suivra la mobilisation, mais non plus comme pour le PREMIER GROUPE, dans les TROIS JOURS de la promulgation du Décret. Si nous comptons agir ainsi, c'est pour, sans rien négliger, ne pas outrepasser le but en surmenant la bonne volonté de nos concitoyens. Comme conséquence, l'effort que nous demandons en ce moment sera le DERNIER jusqu'au jour de l'entrée en campagne.

Pour assurer le fonctionnement immédiat de nos Hôpitaux, nous allons établir, de concert avec Messieurs les Administrateurs et Agents comptables de chacun d'entre eux, des CAHIERS de MOBILISATION contenant l'indication :

1° Des OBJETS DE LITERIE et du MATÉRIEL DE LINGERIE affectés à chacun d'entre eux et des locaux où ces différents objets sont déposés ;

2° La nomenclature des LITS promis à titre éventuel, avec l'adresse de leurs propriétaires ;

3° La notice rédigée par M. l'Architecte du Comité, indiquant les transformations qu'il sera nécessaire de faire subir aux locaux affectés à ces Hôpitaux pour les mettre en état de service.

Cette dernière précaution prise, en cas de mobilisation sans NOUVELLES INSTRUCTIONS de notre part, notre Personnel administratif installera de lui-même nos Hôpitaux et le COMITÉ DÉPARTEMENTAL pourra porter son action générale sur l'organisation immédiate :

1° Des SERVICES DE L'ARRIÈRE ;

2° Des INFIRMERIES DE GARE ;

3° Des TRAINS SANITAIRES D'ÉVACUATION.

4° Des HÔPITAUX COMPLÉMENTAIRES ;

5° De la DIRECTION DES SOCIÉTÉS LIBRES FRANÇAISES ET ÉTRANGÈRES qui, sous le vocable de la Croix Rouge, pourront, au lendemain de la mobilisation, se constituer dans la Gironde ;

6° De la SOUSCRIPTION PUBLIQUE en argent et dons en nature qui doit lui donner les moyens de parer à toutes les nécessités sociales ;

7° De la CONSTITUTION, sous l'autorité du Secrétariat-général D'UN BUREAU DE RENSEIGNEMENTS qui, comme en 1870-1871, nous permettra, grâce à nos relations internationales et à l'intervention de nos DÉLÉGUÉS d'armée, de vous donner des nouvelles de vos enfants.

III

Dans son BULLETIN OFFICIEL (2e série, n° 9) de JANVIER-FÉVRIER 1888, le CONSEIL CENTRAL de la SOCIÉTÉ FRANÇAISE s'exprime ainsi, au sujet des travaux du COMITÉ DÉPARTEMENTAL DE LA GIRONDE, en 1887 :

« L'ACTIVITÉ DONT LE COMITÉ DE BORDEAUX DONNE « L'EXEMPLE PROUVE QU'IL AVAIT QUALITÉ POUR SECOUER « AUTOUR DE LUI L'APATHIE DU TEMPS DE PAIX, ET LUI « DONNE CHAQUE JOUR DE NOUVEAUX TITRES A CETTE « COLLABORATION DE TOUTES LES FAMILLES QU'IL SOLLI- « CITE SI CHALEUREUSEMENT. »

Nous sommes sincèrement reconnaissants de ce haut témoignage de satisfaction ; il nous impose de grands devoirs qu'avec le temps nous espérons bien remplir. Mais nous serions ingrats si nous n'en rapportions pas tout l'honneur :

Aux DAMES DU COMITÉ qui, dans les ingénieuses générosités de leurs âmes, perfectionnant à l'infini notre Assistance, redoublent tous les jours d'activité pour étendre le cercle de nos bienfaits;

A nos PRÉSIDENTS et MEMBRES D'HONNEUR qui, en accordant à notre Société la haute autorité de leur Patronage, témoignent autant de notre Patriotisme que du CARACTÈRE absolument impartial de notre propagande ;

A la PRESSE BORDELAISE qui, comme toujours, unie lorsqu'il s'agit de défendre la Patrie, nous donne, en vulgarisant nos efforts, la vie extérieure sans laquelle nous ne saurions exister ;

Au CORPS MÉDICAL enfin qui, fidèle aux vieilles traditions de l'Université Bordelaise, a accepté avec un empressement unanime l'honneur de conserver à la France ses plus chers défenseurs. (*Applaudissements.*)

En terminant, Mesdames et Messieurs, cet EXPOSÉ DE NOS TRAVAUX EN 1887-1888, permettez-nous de formuler du fond du cœur un ardent souhait : PLAISE A DIEU que de cette laborieuse activité il ne reste que le souvenir d'une sage prévoyance. « ÉGALEMENT « ÉLOIGNÉE, comme le disait le 31 mai 1888 M. le « Ministre des Affaires étrangères à la tribune de la « Chambre des Députés, DE TOUTE PENSÉE OFFEN-« SIVE ET DE TOUT SENTIMENT DE DÉFAILLANCE, « restant calme, IMPASSIBLE, ne recherchant pas les « aventures, SE CONTENTANT, pour faire face aux éven-« tualités, de surveiller les événements. »

Dans tous les cas, la SOCIÉTÉ FRANÇAISE aura accompli DANS LA GIRONDE ce que la SÉCURITÉ de la Patrie lui commandait de faire, et si, par impossible, il se trouvait parmi nos concitoyens quelques esprits chagrins, disposés encore à critiquer après ces loyales explications nos pressantes exhortations, nous nous bornerions à leur répondre ce que ROYER-COLLARD disait à VICTOR HUGO :

« IL NE FAUT JAMAIS BLAMER CEUX QUI PENSENT « AUTREMENT QUE VOUS ; CHACUN A LE BON SENS « QUI RÉSULTE DES LUMIÈRES QU'IL A. »

Cette allocution terminée, M. le général en chef CORNAT, en pressant les mains de M. le vicomte de

Pelleport-Burète, le remercie avec effusion de l'activité patriotique avec laquelle le Comité Départemental a organisé l'Assistance Girondine.

Monseigneur l'Archevêque, M. le Préfet, M. le Maire et la Réunion Plénière tout entière s'associent, par leurs applaudissements répétés, à ce haut témoignage d'estime et de reconnaissance.

Reprenant la parole après les lectures de M. de Loynes et de M. le Docteur Pery, M. le Vicomte de Pelleport-Burète, Président de la Réunion Plénière et Délégué Régional, s'exprime ainsi :

Mon Général,
Monseigneur,
Mesdames,
Messieurs,

Après avoir remercié chaleureusement, en votre nom, M. P. de Loynes et M. le Dr Pery des communications intéressantes qu'ils viennent de vous faire, je devrais, vous laissant sous le charme des sympathiques paroles de mes deux honorables collègues, me borner à vous donner rendez-vous à l'An prochain, mais en ma qualité de Délégué pour la 18e région militaire, j'ai une bonne nouvelle à vous annoncer, et je ne puis résister au désir de vous en faire part.

Entraînée par l'énergique initiative de deux bons Français dont nos Annales devront conserver l'inoubliable souvenir, de M. l'amiral Juin (c. ✻) et de M. le comte LEMERCIER (❋) ★, la CHARENTE-INFÉRIEURE vient d'arborer avec autant de vitalité que d'à-propos le drapeau de la SOCIÉTÉ FRANÇAISE sur la terre Saintongeoise (*Applaudissements*). A dater de ce jour, l'action de la SOCIÉTÉ FRANÇAISE est complète dans toute l'étendue de la 18me RÉGION MILITAIRE, et en CAS DE MOBILISATION, notre Association pourra accomplir sans lacunes les DEVOIRS PERSONNELS que les DÉCRETS imposent DIRECTEMENT à son dévouement. (*Applaudissements répétés.*)

Au nom de M. le MARÉCHAL-PRÉSIDENT et du COMITÉ DÉPARTEMENTAL DE LA GIRONDE qui vient de nommer PRÉSIDENTS HONORAIRES de son Association M. l'amiral JUIN et M. le Comte LEMERCIER, j'ai l'honneur d'adresser à tous nos Collègues de la CHARENTE-INFÉRIEURE le souvenir empressé de la profonde gratitude de la SOCIÉTÉ FRANÇAISE. (12)

Vous le voyez, Mesdames et Messieurs, tout nous a souri en 1887-1888, et j'ai l'intime conviction que donnant un démenti formel au proverbe, les jours, en se suivant, se ressembleront. (*Applaudissements répétés.*) La dette de la reconnaissance payée, permettez-moi quelques réflexions personnelles : rassurez-vous, ce seront les dernières.

Avant les terribles événements de 1870-71, Peuple et Gouvernement, tous, qu'avions-nous fait pour les conjurer? A bien voir les choses, il est certain que nos revers ont été préparés de longue main : par l'incurie d'en haut qui, comptant comme toujours sur la *Furia*

(12) Par Décision du Conseil Central, en date du 28 Juin 1888, le **Comité Départemental de la Charente-Inférieure** et le **Sous-Comité de Saintes** ont été affiliés à la Société Française.

Française, avait dédaigné les plus vulgaires précautions; par le manque de virilité d'en bas qui, préoccupé avant tout des intérêts matériels et des jouissances de la vie mondaine, n'avait pas senti qu'un vent d'orage s'élevait à l'horizon. Aussi, le jour de l'invasion, les LATINS ont-ils été vaincus par les GERMAINS qui, depuis les immenses désastres que la France leur avait infligés en 1806, se préparaient pour la revanche. Tous nous fûmes coupables. Le réveil a été cruel. Notre tâche est aujourd'hui toute tracée. (*Vive émotion*).

En un temps, Mesdames et Messieurs, où la Paix tient à si peu de chose, il ne faut rien exagérer, mais, par contre, il ne faut rien négliger; il faut d'autant plus penser et agir ainsi que, sous prétexte de sagesse, beaucoup de Français se laissant encore aller à une apathie des plus coupables, affectent de ne rien voir. La Loi est dure, mais c'est la Loi du moment, et toutes les défaillances n'y changeront rien; loin de là, elles ne feront que précipiter les événements. Et du reste, lorsque la Presse Française est tenue, pour ne pas vous déplaire, de vous entretenir, télégraphiquement, heure par heure, des douloureux incidents qui surgissent à chaque instant, à quoi servirait-il de ne pas en parler? Il ne faut pas faire comme les petits enfants qui se cachent les yeux avec les mains pour ne pas voir le fantôme, mais qui, en même temps, écartent les doigts pour l'apercevoir. Les abdications, toujours coupables, n'ont jamais du reste profité à personne, et les Neutres qui, dans leur triste égoïsme, préfèrent se laisser réquisitionner APRÈS, au lieu d'être généreux AVANT, ce qui serait plus honorable, seront toujours pour les gens de cœur des quantités négligeables. [13] (*Vives adhésions.*)

En formulant ainsi ma pensée, et trop franchement peut-être, je me demande parfois, Mesdames et Messieurs, si je ne suis pas atteint de l'une de ces nouvelles affections que la Science découvre aujourd'hui avec tant de largesse : DE LA FOLIE DE LA CROIX ROUGE ; ou bien si, excité par des souvenirs de famille qui sont ma seule raison d'être à la tête de la SOCIÉTÉ FRANÇAISE dans la 18me RÉGION où M. le comte LEMERCIER, l'infatigable délégué de 1870-1871, a laissé de si grands souvenirs, je ne dépasse pas le but. Franchement, je ne le crois pas ; FRANÇAIS avant tout je suis et FRANÇAIS toujours je veux rester, voilà le secret de mes chaleureuses excitations !

Mais ce n'est pas sur ces sévères réflexions, Mesdames et Messieurs, que je désire prendre congé d'une Assemblée dont certainement j'ai lassé la bienveillance. Non ! mes dernières paroles seront des paroles de foi et de consolation.

Si en fidèles serviteurs de la CROIX ROUGE FRANÇAISE, prenant notre âge de fer non comme nous le faisons, mais comme IL EST, vous persistez résolument dans la voie de virilité que nous vous traçons ; comme vous le disait à SAINTES il y a quelques jours M. le général CORNAT (G. O. ✻), le chef respecté qui personnifie si noblement dans sa glorieuse dignité toutes les espérances du DEVOIR NATIONAL : « Vous pourrez « marcher la tête haute, vous pourrez être fiers d'être

(13) Loi du 3 Juillet 1877 *sur les réquisitions* ; Décret du 2 Août 1887 et note no 6 insérée aux Annexes du règlement de santé des armées du 25 Août 1884.

« les fils d'une Nation qui a mérité de se relever « pour avoir su, au milieu des plus affreux revers, « imposer le respect et l'estime à tous les peuples. »

Confiance donc, Mesdames et Messieurs, DIEU nous donnera un heureux lendemain, et s'il le faut, comme le SAINT DENIS DE LA LÉGENDE CHRÉTIENNE, quoique mutilée par le Sort contraire, la FRANCE, invincible par vos sacrifices, toujours vivante, passera encore par où ont passé les glorieux soldats de WATIGNIES, d'AUERSTÆDT et de COULMIERS !

Après cette dernière allocution, qui est couverte d'applaudissements, la séance est levée.

---

www.ingramcontent.com/pod-product-compliance
Ingram Content Group UK Ltd.
Pitfield, Milton Keynes, MK11 3LW, UK
UKHW031949260826
14628UKWH00004B/1953

9 782011 767219